뇌박사 박주홍의 두뇌운동 365

쓰고 그리기 대작전

9세부터 99세까지 뇌를 건강하게 하는
두뇌 개발 프로그램

뇌박사 박주홍의 두뇌운동 365

쓰고 그리기 대작전

2020년 8월 10일 초판 1쇄 발행
2023년 1월 3일 초판 2쇄 발행

지은이 박주홍

펴낸이 조시현

기획·진행 북케어(icaros2999@gmail.com)

디자인 정유정

일러스트 김가영, 신경영

펴낸 곳 도서출판 일월일일

출판등록 2013. 3. 25(제2013-000088호)

주소 04019 서울시 마포구 동교로8안길 14, 미도맨션 4동 301호

대표전화 02) 335-5307 **팩스** 02) 3142-2559

전자우편 publish1111@naver.com

인스타그램 @0101book_

ISBN 979-11-90611-04-6 13690

뇌박사 박주홍의 두뇌운동 35

한의학박사·의학박사·보건학석사 **박주홍** 지음

쓰고 그리기 대작전

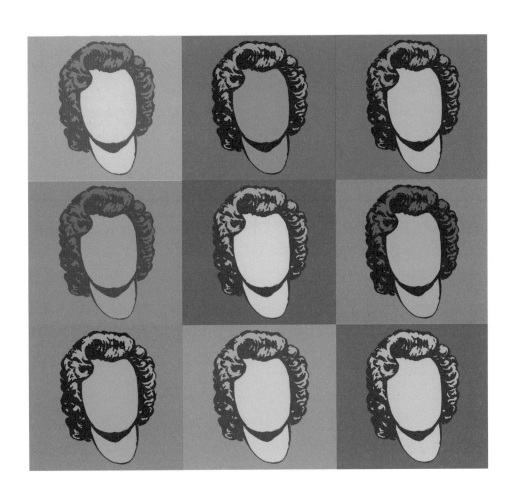

일월일일

두뇌연구소에 오신 것을 환영합니다.

뇌 건강은 나이가 들수록 더 중요합니다. 특히 중년 이후 건강하게 생활하면 치매에 걸릴 위험이 크게 줄어든다는 사실이 과학적으로 입증되었습니다. 그런데 요즈음은 청소년이나 젊은 사람도 디지털 기기에 갈수록 더 많이 의존함으로써 기억력과 계산 능력이 퇴화하는 디지털 치매나 잦은 음주로 인한 블랙아웃으로 알코올성 치매를 겪는 경우가 많습니다.

뇌가 건강하려면 감정의 뇌라 할 수 있는 '마음'과 뇌를 지탱해 주는 '몸'이 균형을 이루어야 합니다. 마음이 무너지면 몸이 망가지고, 몸 상태가 좋지 않으면 뇌도 당연히 건강할 수 없습니다.

매일 꾸준히 운동을 하면 근육이 발달하는 것처럼 뇌도 날마다 즐겁고 재미있게 자극해 주면 건강하게 단련됩니다. 그래서 두뇌를 단련하여 불안과 우울감을 해소하고 스트레스까지 한방에 날려버릴 수 있도록 다양한 프로그램을 제공하려고 합니다.

스도쿠, 미로 찾기, 숨은 그림 찾기, 낱말 퀴즈와 같이 한 가지 주제로만 구성하면 뇌가 단련되기도 전에 지루해져 책을 끝까지 활용하지 못하고 중도에 포기하는 경우가 있습니다. 이런 단점을 보완하고자 ≪뇌박사 박주홍의 두뇌운동 365≫ 시리즈에서는 미로 찾기, 틀린 그림 찾기 등과 같은 문제들뿐만 아니라 글자, 모양, 숫자, 그림을 다양하게 활용한 프로그램은 물론 일상에서 만나는 생활형 문제까지 모두 재구성해서 담았습니다.

특히 이 책 〈그림그림 대작전〉에서는 관심 있는 개체를 바라보는 행위를 하는 전두엽의 기능 활성화, 공간 기억의 저장과 방향을 알 수 있게 하는 두정엽의 기능 활성화, 소리와 이미지를 이해하고 통합하는 측두엽의 기능 활성화에 초점을 맞추었습니다.

매일 다른 문제를 풀면서 색다른 즐거움으로 사고력과 창의력을 길러 보세요.
뇌가 골고루 활성화되어 집중력이 향상되고 정서가 안정됩니다. 이런 과정을
통해 우리의 생각, 판단, 운동, 감각 등을 담당하는 뇌가 더욱 건강해져 활발
하게 움직입니다.

요즘 나이와 상관없이 '왜 이렇게 깜빡깜빡하지, 혹시 나도 치매인가?'라는 의
심을 해 본 분들이 많을 것입니다.

'IT 건망증'으로도 불리는 디지털 치매(digital dementia)는 스마트폰이나 컴퓨터
같은 디지털 기기에 의존한 나머지 자신도 모르는 사이에 집중력과 학습 능
력이 떨어지고 계산 능력과 기억력이 감퇴하는 현상을 말합니다. 디지털 치매
가 생활에 심각한 위협이 될 만큼 위험도가 높지는 않지만, 스트레스를 유발
하며 공황장애나 정서장애와 같은 뇌 질환으로 이어질 수 있습니다. 이때 계
산, 암기 문제를 풀거나 퍼즐을 활용하면 디지털 치매의 예방과 완화에 적잖
은 도움이 됩니다.

소중한 뇌를 잘 돌보고 지키려면 뇌세포들의 연결성을 강화해 주어야 합니다.
이 책에 있는 퀴즈 프로그램을 활용하여 매일 꾸준히 하다 보면 세포들의 연
결성이 좋아집니다.

부디 뇌가 노화하지 않고 건강하게 유지될 수 있도록 하루 30분 즐거운 뇌 운
동으로 100세까지 활력 넘치는 인생을 유지하시기 바랍니다.

건강하게 사는 행복한 세상을 바라며
한의학박사·의학박사·보건학석사 **박주홍**

목차

1주차

1day 같은 그림 찾기 ● 16
모두 몇 명인가요? ● 17
다른 부분 찾아 쓰기 ● 18
원고지 따라 쓰기 ● 19

2day 장난감 화폐 계산하기 ● 20
무슨 이야기를 할까요? ● 21
틀린 그림 찾기 ● 22
기억해서 써 보기 ● 23

3day 요리조리 훈민정음 ● 24
이 가족을 소개해 보세요 ● 25
눈을 크게 뜨고 찾기 ● 26
중얼중얼 셈하기 ● 27

4day 땅따먹기 ● 28
따라 읽기·따라 쓰기 ● 29
이 집을 소개해 보세요 ● 30
다른 그림 찾기 ● 31

5day 꼬리에 꼬리를 무는 속담 ● 32
미로 찾기 ● 33
내 이름을 써줘 ● 34
양손 운동 차차차 ● 35

6day 얼굴 그려 넣기 ● 36
행복한 감사일기 ● 37
속담 벌집 완성하기 ● 38
머리가 좋아지는 초성 퀴즈 ● 39

7day 패턴 따라 그리기 ● 40
밑그림 따라 그리기 ● 41

2주차

1day 같은 그림 찾기 ● 42
모두 몇 명인가요? ● 43
다른 부분 찾아 쓰기 ● 44
원고지 따라 쓰기 ● 45

2day 장난감 화폐 계산하기 ● 46
무슨 이야기를 할까요? ● 47
틀린 그림 찾기 ● 48
기억해서 써 보기 ● 49

3day 요리조리 훈민정음 ● 50
이 가족을 소개해 보세요 ● 51
눈을 크게 뜨고 찾기 ● 52
중얼중얼 셈하기 ● 53

4day 땅따먹기 ● 54
따라 읽기·따라 쓰기 ● 55
이 집을 소개해 보세요 ● 56
다른 그림 찾기 ● 57

5day 꼬리에 꼬리를 무는 속담 ● 58
미로 찾기 ● 59
내 이름을 써줘 ● 60
양손 운동 차차차 ● 61

6day 얼굴 그려 넣기 ● 62
행복한 감사일기 ● 63
속담 벌집 완성하기 ● 64
머리가 좋아지는 초성 퀴즈 ● 65

7day 패턴 따라 그리기 ● 66
밑그림 따라 그리기 ● 67

3주차

1day 같은 그림 찾기 · 68
모두 몇 명인가요? · 69
다른 부분 찾아 쓰기 · 70
원고지 따라 쓰기 · 71

2day 장난감 화폐 계산하기 · 72
무슨 이야기를 할까요? · 73
틀린 그림 찾기 · 74
기억해서 써 보기 · 75

3day 요리조리 훈민정음 · 76
이 가족을 소개해 보세요 · 77
눈을 크게 뜨고 찾기 · 78
중얼중얼 셈하기 · 79

4day 땅따먹기 · 80
따라 읽기·따라 쓰기 · 81
이 집을 소개해 보세요 · 82
다른 그림 찾기 · 83

5day 꼬리에 꼬리를 무는 속담 · 84
미로 찾기 · 85
내 이름을 써줘 · 86
양손 운동 차차차 · 87

6day 얼굴 그려 넣기 · 88
행복한 감사일기 · 89
속담 벌집 완성하기 · 90
머리가 좋아지는 초성 퀴즈 · 91

7day 패턴 따라 그리기 · 92
밑그림 따라 그리기 · 93

4주차

1day 같은 그림 찾기 · 94
모두 몇 명인가요? · 95
다른 부분 찾아 쓰기 · 96
원고지 따라 쓰기 · 97

2day 장난감 화폐 계산하기 · 98
무슨 이야기를 할까요? · 99
틀린 그림 찾기 · 100
기억해서 써 보기 · 101

3day 요리조리 훈민정음 · 102
이 가족을 소개해 보세요 · 103
눈을 크게 뜨고 찾기 · 104
중얼중얼 셈하기 · 105

4day 땅따먹기 · 106
따라 읽기·따라 쓰기 · 107
이 집을 소개해 보세요 · 108
다른 그림 찾기 · 109

5day 꼬리에 꼬리를 무는 속담 · 110
미로 찾기 · 111
내 이름을 써줘 · 112
양손 운동 차차차 · 113

6day 얼굴 그려 넣기 · 114
행복한 감사일기 · 115
속담 벌집 완성하기 · 116
머리가 좋아지는 초성 퀴즈 · 117

7day 패턴 따라 그리기 · 118
밑그림 따라 그리기 · 119

뇌의 구조와 역할을 알아봅시다!

전두엽은 무엇?

머리 앞부분 즉, 이마 부위를 중심으로 한
대뇌의 껍질 부분을 말합니다.
주로 어떤 일을 계획하고, 적절하게 실행하고,
또 너무 지나치지 않도록 제어하는 일을 합니다.
의욕, 동기, 방법, 판단력, 융통성,
자제력 등을 실행하는 부분입니다.

측두엽은 무엇?

우리가 보통 '관자놀이'라고 부르는 부위입니다.
뇌의 양 측면 피질을 말하는데,
이 부분은 치매의 이해에 중요한 곳입니다.
기억력이 떨어지고 언어 표현과 이해 능력이
떨어져 가는 원인을 제공하는 곳이기 때문입니다.
측두엽 부위의 신경세포가 죽어서 없어지는 것 때문에
알츠하이머병의 증상이 생겨납니다.
기억력, 학습 능력, 언어 능력 등을 담당합니다.

두정엽은 무엇?

머리(頭)의 정수리(頂) 부분이라는 뜻을
가지고 있습니다.
공간을 파악하는 능력을 갖추고 있습니다.
낯선 장소에서의 방향을 파악하거나,
아날로그 시계의 바늘 위치로
몇 시 몇 분인지를 바로 파악할 수 있는 것은
두정엽이 작용하기 때문입니다.

후두엽은 무엇?

뒤통수 부분에 해당하는 피질 부위를 말합니다.
주로 시각적인 내용을 파악합니다.
사물을 보고 주변의 물건들을 파악하는 것은
이곳의 기능이 온전하므로
가능한 것입니다.

변연계와 해마는 무엇?

둘레, 또는 가장자리를 의미하는 변연계(limbic system)는
대뇌피질과 시상하부 사이에 있습니다.
주로 후각, 감정, 행동, 욕망 등의 조절에 관여하고 있습니다.
변연계의 한 가운데를 차지하고 있는 해마는 특히 장기기억,
공간개념, 감정적인 행동을 조절하는 곳으로 알려져 있습니다.
안타깝게도 해마는 알츠하이머병에 의해 점진적으로
위축이 진행되는 것으로 알려져 있습니다.

뇌를 골고루 사용합시다!

뇌는 우리의 생각, 판단, 운동, 감각 등을 담당하는 매우 중요한 기관입니다. 보통 성인의 뇌 무게는 약 1,400~1,600g 정도입니다. 약 1,000억 개 정도의 신경세포가 밀집된 신경 덩어리로, 일반적으로 전체 몸무게의 약 2% 정도에 불과하지만, 우리 몸 전체 에너지의 20%에 가까운 양을 사용하는 기관입니다.

뇌는 신경세포와 신경교세포(glial cell)라고 하는 두 종류의 세포들이 모여 있는 덩어리입니다. 이 중에서 신경세포가 주로 신체활동과 정신활동을 담당합니다. 신경세포의 몸체는 주로 뇌의 겉껍질 부분에 모여 있어서 이 부분을 피질(cortex) 혹은 회백질(gray matter)이라고 부릅니다. 반면 신경세포의 몸체에서 뻗어 나온 가지들은 신경섬유 다발을 이루고 있는데, 색깔이 희고 윤기를 띠고 있어서 백질(white matter)이라고 합니다.

뇌 건강을 지키기 위해서는 앞쪽(전두엽), 위쪽(두정엽), 측면(측두엽), 뒤쪽(후두엽)을 골고루 사용하는 것이 좋습니다. 팔만 튼튼하다고 해서 온몸이 건강하다고 할 수 없듯이 뇌도 마찬가지로 어느 한 부분만 사용해서는 건강을 유지할 수 없습니다.

위치별로 뇌가 하는 일이 다르므로 쓰는 부분만 쓰고 쓰지 않는 부분은 계속해서 사용하지 않는다면 반드시 문제가 생깁니다. 그러므로 적극적으로 골고루 써야 합니다. 또 좌뇌와 우뇌를 의식하면서 양쪽 모두 균형 있게 사용하는 노력이 필요합니다.

좌뇌	우뇌
신체의 오른쪽을 조절한다. 분석적, 논리적, 이성적, 객관적, 계획적, 청각적 기억, 시간 개념, 안전, 추론, 수리, 과학 쪽을 담당!	신체의 왼쪽을 조절한다. 통합적, 창의적, 감성적, 주관적, 즉흥적, 시각적 기억, 공간 개념, 모험, 직관, 예술 쪽을 담당!

오른손잡이인 사람들은 좌뇌 성향이 강하므로 우뇌를 활용하는 일을 틈틈이 할 필요가 있습니다. 마찬가지로 왼손잡이는 좌뇌를 활용해야 합니다. 운동이나 새로운 일에 대한 도전 등 뇌에 유익한 활동을 하면 누구나 효율적인 뇌를 가질 수 있다고 합니다.

대뇌피질은 컴퓨터의 하드디스크 본체와 같은 기억의 저장장치입니다. 손, 발 그리고 입과 혀, 눈의 자극이 그대로 뇌로 전달됩니다.

따라서 적절한 자극을 꾸준히 주어야 합니다. 이렇게 함으로써 대뇌피질의 두께가 얇아지지 않고 기억력이 유지되며 치매 예방도 가능해집니다.

지금이라도 부지런히 뇌를 전후좌우로 골고루 사용하는 습관을 들인다면 건강한 삶을 유지할 수 있으며, 자연히 치매도 저절로 멀어질 것입니다.

열심히 걷고, 열심히 보고, 열심히 생각하고, 열심히 노력해서 우리 모두 100세까지 건강하고 행복하게 삽시다!

| 숨 쉬는 건강한 뇌를 만드는
| 3 · 3 · 3 통합 치료 프로그램을 소개합니다.

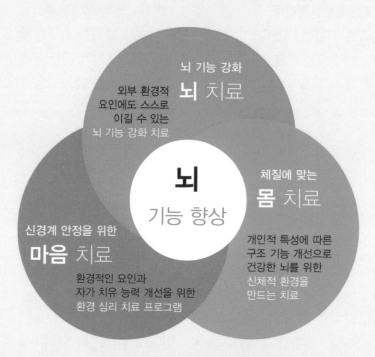

3 · 3 · 3 통합 치료 프로그램 목표

뇌, 마음, 몸!

이 세 가지는 동시적 치료가 이루어져야 악순환의 고리를 끊을 수 있습니다. 육체와 정신을 서로 분리해서 생각할 수 없듯이, 뇌와 마음과 육체는 서로 분리될 수 없습니다. 환경적인 요소로 몸의 균형이 무너지고, 다시 이 불균형은 뇌 기능에 영향을 주는 악순환이 반복됩니다. 따라서 인지 능력을 개선하기 위해서는 이런 반복적인 사슬을 끊고 뇌와 마음 그리고 몸의 동시적 치료가 이루어져야 합니다.

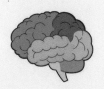

"동시적 통합 치료가 필요한 이유"

건강한 뇌를 이루기 위해서는 신체적인 뇌 기능 문제뿐만 아니라,
정신적인 뇌와 몸의 균형까지 바라보아야 완전한 뇌 건강을 이룰 수 있습니다.

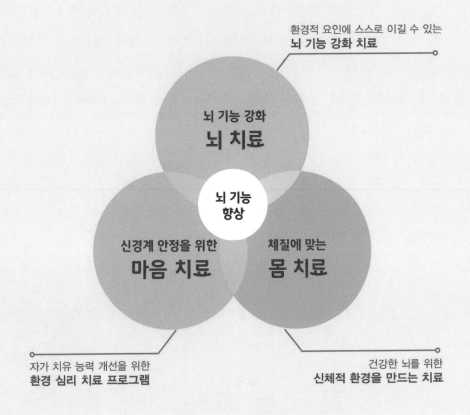

뇌, 마음, 몸의 악순환 고리를 끊는 치료

신체적인 뇌 기능의 문제가 정신적인 뇌 기능(마음)에 문제를 일으키고, 다시 몸의 균형을 해치는 등의 서로 물고 있는 악순환의 연결 고리를 끊기 위한 동시적 통합 치료가 반드시 필요합니다.

동시적 통합 치료를 위한 3 · 3 · 3 통합 치료 프로그램

동시적 통합 치료는 뇌, 마음, 몸의 3가지를 동시에 치료하는 것을 기본으로 하고 있습니다. 이는 인지 개선을 위한 3가지 요소(뇌에는 휴식을 주고, 지친 마음은 풀어 주며, 몸에 힘을 보충)의 3단계에 걸친 치료 프로그램을 의미합니다. 의학적인 치료와 더불어 이상적인 건강한 뇌를 만들기 위해 하버드 명상 치료 및 개인의 식생활, 습관, 운동법 관리 등 자가 치유 능력 향상까지 고려한 꼼꼼한 치료를 시행합니다.

단계별 목표와 변화

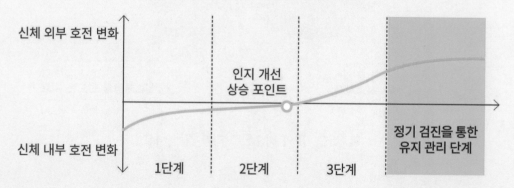

[단계별 목표와 인지 개선의 변화 그래프]

균형

1단계 : 체질 개선 – 뇌 건강을 위한 신체 환경을 만들어 주는 단계
치매가 발병하는 신체적인 원인과 잘못된 생활 습관을 찾고, 그 원인을 개선하는 단계입니다. 흐트러진 몸의 균형을 잡아 주어 건강한 뇌를 위한 신체 환경을 만들어 줍니다.

풀음

2단계 : 전신 해독 – 몸의 균형과 신경계 기능이 돌아오는 단계
몸의 기운 순환을 통해 몸 속 노폐물과 독소 등을 배출하는 단계로, 몸의 균형과 신경계의 기능이 점차 돌아오면서 면역력도 향상이 되는 터닝 포인트입니다.

보충

3단계 : 면역 증강 – 정신 면역력 강화 및 유지 발전
신체 면역력과 정신 면역력이 강화되어 외부 환경에 의한 스트레스 등을 스스로 이겨낼 수 있는 힘을 가지게 되는 단계입니다. 원기 보충과 지속적인 균형 치료로 건강한 뇌를 유지할 수 있도록 강한 신체 환경을 만듭니다.

3가지 통합 치료, 3단계에 걸친 인지 개선 치료를 통해 뇌와 몸과 마음이 모두 건강해집니다.

같은 그림 찾기

세상에는 비슷한 모양의 것들이 많습니다. 하지만 자세히 보면 조금씩 다르다는 것을 알 수 있습니다. 어떤 것이 진짜 예시의 모양과 같은지 찾아보세요.

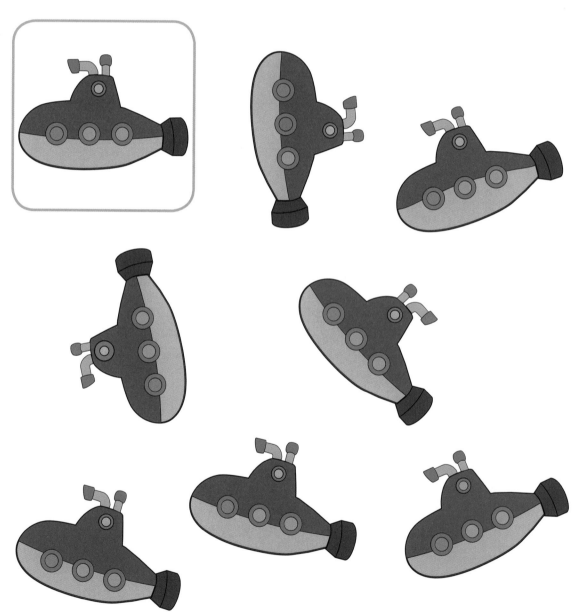

모두 몇 명인가요?

와! 정말 많은 아이들이 모여 있네요. 아바타가 각각 몇 명씩 있는지 세어 볼까요? 집중하지 않으면 처음부터 계속 다시 세어야 하니 주의 하세요!

17

다른 부분 찾아 쓰기

위 그림과 아래 그림은 두 곳이 서로 달라요. 바뀐 부분을 찾아서 어떻게 달라졌는지 글로 표현해 보세요.

1

2

원고지 따라 쓰기

원고지에 글을 써 본 적 있으세요? 이제는 쉽게 볼 수 없지만, 원고지에 글쓰기를 하면 글자의 소중함을 알게 되고 주의 집중도 잘된답니다. 위 원고지에 쓰인 글자를 보면서 아래 빈 원고지에 똑같이 또박또박 잘 써 보세요.

단	단	한		돌	이	나		쇠	는		높	은
곳	에	서		떨	어	지	면		깨	지	기		쉽
다	.		그	러	나		물	은		아	무	리		높
은		곳	에	서		떨	어	져	도		깨	지	는
법	이		없	다	.		물	은		모	든		것	에
대	해	서		부	드	럽	고		연	한		까	닭
이	다	.										

장난감 화폐 계산하기

월 일
셈 하기
물체 인식

우리는 일상생활에서 다양한 종류의 지폐와 동전을 사용합니다. 자, 그럼 오늘은 장난감 화폐를 이용해서 은행놀이를 해 볼까요? 화폐의 앞면과 뒷면을 자세히 살펴보세요. 지폐와 동전을 합한 금액은 모두 얼마일까요?

원

무슨 이야기를 할까요?

월 일

상상
대응

사람들은 동물인 새나 강아지는 물론 식물인 장미와 해바라기의 말을 알아들을 수 없습니다. 하지만 때때로 그들의 모습을 지켜보면 무슨 말을 하는 것처럼 느껴질 때가 있습니다. 그렇다면 엄마 코알라와 새끼 코알라는 무슨 이야기를 하고 있을지 상상해서 써 보세요.

틀린 그림 찾기

틀린 그림 찾기는 누구나가 한 번 이상은 꼭 해 본 게임일 겁니다. 여기에 비슷한 그림이 위아래로 놓여 있습니다. 비교해 보면서 하나씩 틀린 그림을 찾아보세요. 틀린 곳은 모두 5곳입니다.

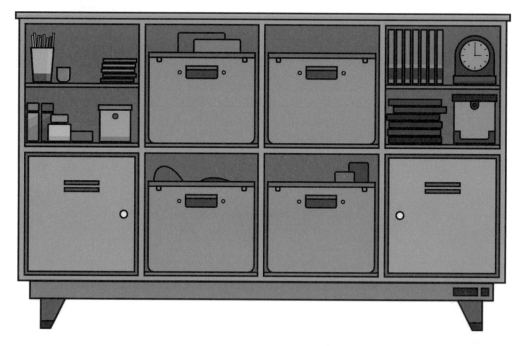

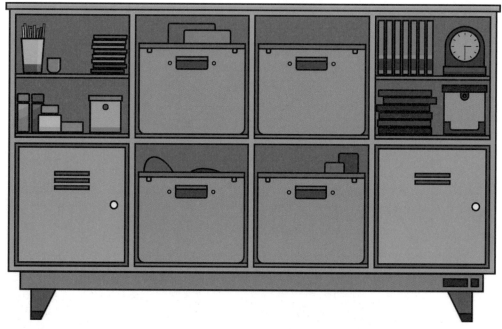

기억해서 써 보기

당신의 기억력은 얼마나 좋은가요? 방금 본 사물이나 형태, 글자나 번호를 얼마나 기억할 수 있나요?

아래의 과일들을 5초 동안 살펴본 후 손바닥이나 종이로 가립니다.

어떤 과일이 몇 개씩 있는지 생각나는 대로 적어보세요.

요리조리 훈민정음

아래 주어진 자음과 모음으로 여러분이 알고 있는 단어를 만들어 아래 빈 칸에 써 보세요. 생각보다 많은 단어가 숨어 있습니다. 매일매일 다시 보아도 더 찾을 수 있을 정도랍니다.

ㅇ	ㅈ	ㅎ	ㄱ	ㅍ
ㄷ	ㄹ	ㅁ	ㅅ	ㅊ
ㅏ	ㅓ	ㅗ	ㅠ	ㅡ
ㅕ	ㅛ	ㅜ	ㅑ	ㅣ

예 구름

이 가족을 소개해 보세요

월 일
시각 정보 수집
유추

우리 주변에는 다양하게 구성된 가족들이 있습니다. 1인 가족부터 3대 이상의 대가족, 이제 막 결혼한 신혼부부도 있습니다. 얼마 전에 새로 이사 온 옆집 거실에 가족사진이 걸려 있네요. 이 가족에 대해서 여러분이 한번 소개해 보세요. (이름, 나이, 직업, 특징, 취미 등등)

예 이들은 (   )입니다. 아버지 이름은 (   )이고, 엄마는 (   )입니다. 아이들은 (   ), (   )이고 키우는 애완동물은 …….

눈을 크게 뜨고 찾기

다 똑같은 그림이라고요? 맞습니다. 딱 하나만 빼고요.
이렇게 많은 그림 중에서 단 하나의 다른 그림을 찾아보세요. 다른
모습을 하고 있는 개구리는 어디에 있을까요?

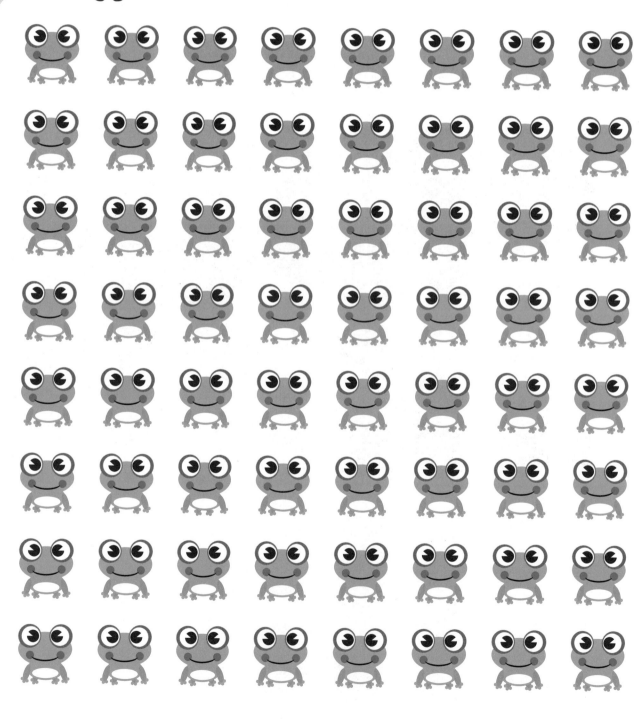

중얼중얼 셈하기

숫자는 소리 나는 대로 글자로, 글자는 숫자로 바꿔서 써 보세요. 그런 다음 해당 규칙에 따라 더하고 빼면서 계산해 봅시다. 빨리 여러 번 반복하면 머릿속에서 숫자와 글자, 기호가 함께 떠올라 두뇌 회전에 도움을 줍니다. 앞에서부터 차례대로 계산해 보세요.

예

9-3+2 = 구빼기삼더하기이 = 8

구빼기삼더하기이 = 9-3+2 = 8

1. 40+32-10=

2. 팔십오빼기이십칠더하기삼십은?

3. 130+45-73=

4. 구십삼더하기오십오빼기삼십칠은?

5. 77+52-36=

6. 이백육십삼빼기백오더하기십칠은?

땅따먹기

아래는 작물을 심은 밭을 색깔별로 구별해 본 것입니다. 빨간색은 고추밭, 초록색은 시금치밭일까요? 그럼 가장 넓은 면적을 가진 밭은 어떤 색깔의 밭일까요? 넓은 밭부터 차례대로 손가락으로 짚어 봅시다.

따라 읽기·따라 쓰기

시각·청각·후각·촉각·미각의 오감을 자극하는 글입니다. 따라 읽고 쓰다 보면 그 글이 어느새 오감을 통해 온몸으로 스며드는 기분을 느낄 거예요. 그러면 자연히 마음이 편안해지고, 뇌에 좋은 영향을 주어 상상력이 풍부해집니다.

사람들에게 '+' 가 그려진 카드를 보여주면

수학자는 덧셈이라고 하고,

산부인과 의사는 배꼽이라고 합니다.

목사는 십자가라고 하고, 교통경찰은 사거리라고 하고,

간호사는 적십자라고 하고, 약사는 녹십자라고 대답합니다.

모두가 다 자기 입장에서 바라보기 때문입니다.

한마디로 다른 사람이 (틀린) 것이 아니고, (다를) 뿐입니다.

그래서 사람은 비판의 대상이 아니라 늘~ 이해의 대상입니다.

다름을 이해하며 사람을 사랑하는 하루 되시기 바랍니다.

이 집을 소개해 보세요

월 일
감정 생성
사고

아름다운 배경이나 멋진 거실과 방을 가진 집들을 볼 수 있습니다. 여러분이 이런 집에 초대를 받았다면 이 집(거실, 방)은 누구의 집(거실, 방)이고 얼마나 멋진 곳인지 우리에게 알려줄 수 있나요? 상상의 나래를 펼칠 수 있도록 친절하고 꼼꼼하게 설명해 주세요.

다른 그림 찾기

다 똑같은 그림 아닌가요? 정말 그렇게 생각하세요?
자세히 보면 딱 하나만 다른 모양이나 색깔을 가집니다. 빨리 찾으려
다 보면 더 헷갈립니다. 찬찬히 잘 들여다보세요.

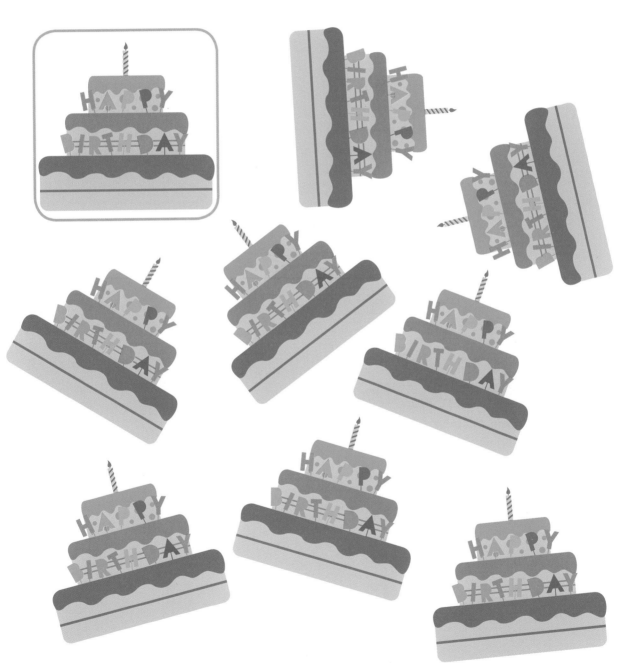

꼬리에 꼬리를 무는 속담

월 일
언어
문제 해결

속담이란 사람들의 오랜 생활이나 체험에서 얻어진 생각과 교훈을 짤막한 말로 나타낸 것입니다. 속담은 비유적인 표현을 많이 씁니다. 또한 교훈, 풍자, 해학이 잘 드러나는 강한 느낌의 짧은 문장입니다. 아래 낱말들을 순서대로 배열하여 속담을 완성해 보세요.

먼 / 남이 / 낫다. / 가까운 /친척보다

먼 데 사는 친척보다 이웃 사람들이 더 잘 보살펴 주고 도와주는 일이 많기 때문에 이웃에 사는 남이 더 낫다는 뜻.

선산을 / 나무가 / 지킨다. / 굽은

쓸모없어 보이지만 도리어 제 구실을 한다.

세월에 / 백발이다. / 가는 / 오는

세월이 가면 사람은 늙게 마련이라는 뜻.

먹는 / 멘다. / 급히 / 밥이

일을 급히 하면 실패하기 쉽다는 뜻.

미로 찾기

바다를 항해하는 선원들에게 등대는 중요한 길잡이가 됩니다. 넓은 바다 위에서 무사히 항해를 마치고 집으로 돌아갈 수 있도록 등대를 찾아 가 보세요. 그럼 출발!

내 이름을 써줘

동물의 이름은 와 같습니다. 왼쪽부터 순서대로 동물의 이름을 가능한 빨리 아래에 써 보세요. 주의할 점은, 동물 그림이 거꾸로 되어 있으면 이름도 거꾸로 써주어야 한다는 것입니다.

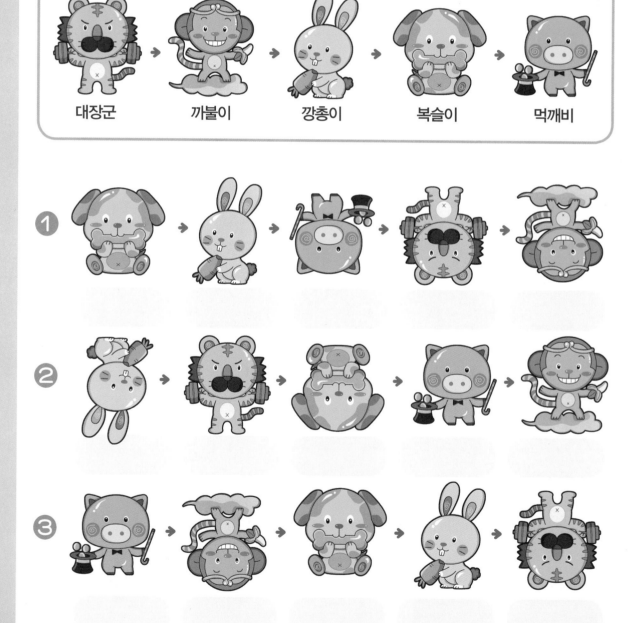

양손 운동 차차차

신체로 정보를 받아들이면 교차로 오른쪽과 왼쪽 뇌에 전달됩니다. 양손을 모두 사용하면 뇌가 균형 있게 발달합니다. 손가락 아이콘이 있는 곳에서 시작해 양손으로 동시에 화살표를 따라가 봅시다. 불편하면 바닥에 책과 같은 선이 있다고 생각하면서 따라 해 보세요.

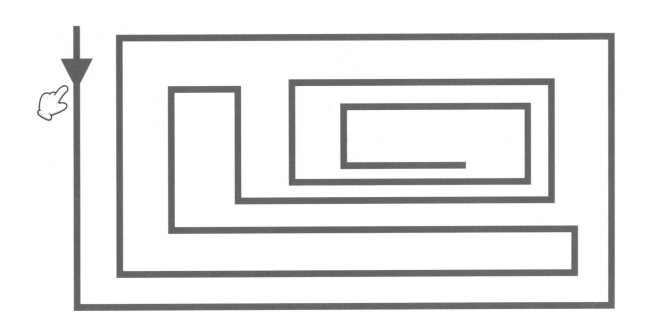

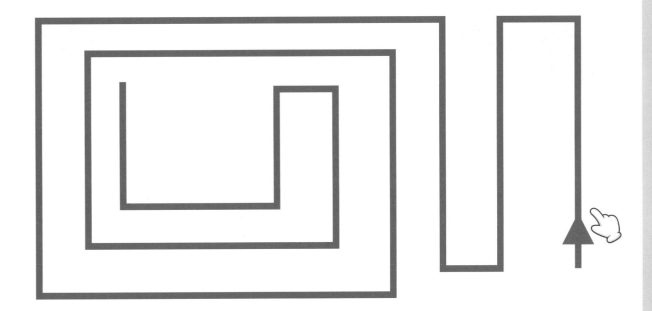

얼굴 그려 넣기

월　일
감정 생성
상상력 증가

여기에 얼굴의 형태만 있고 표정이 없는 사람들이 있습니다. 눈, 코, 입은 물론 눈썹, 입술, 눈동자를 어떻게 그리느냐에 따라 표정이 달라집니다. 때로는 말보다 표정만으로 상대의 마음을 읽을 수도 있습니다. 감정을 담아 다양하게 표현해 보세요.

행복한 감사일기

최근에 기분 좋은 일이나 감사할 일들이 얼마나 있었나요? 화려한 옷을 입지 않아도 환한 사람이 있습니다. 바로 감사하는 사람입니다. 감사하는 마음으로 세상을 살면 감사할 일들만 생깁니다. 아주 사소해도 괜찮으니 감사한 일들을 아래에 적어 보세요.

1.

2.

3.

4.

5.

6.

7.

8.

9.

10.

속담 벌집 완성하기

예로부터 민간에 전하여 오는 쉬운 격언을 속담이라고 합니다. 우리가 흔히 사용하는 '가는 말이 고와야 오는 말이 곱다.'와 같은 말들입니다. 아래 벌집 속에 있는 글자들을 조합하여 숨은 속담을 찾아보세요.

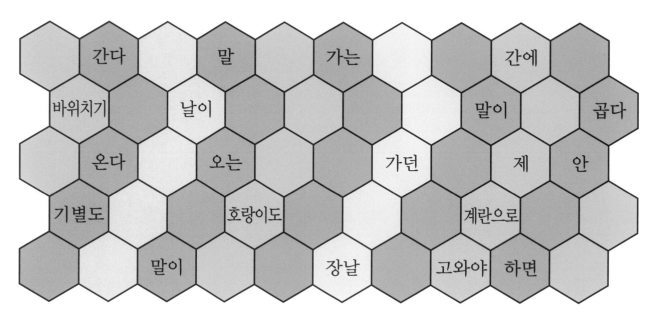

간다　말　가는　간에
바위치기　날이　말이　곱다
온다　오는　가던　제　안
기별도　호랑이도　계란으로
말이　장날　고와야　하면

38

머리가 좋아지는 초성 퀴즈

요즘 뇌신경센터에서는 건강한 뇌 훈련이나 치매 예방을 위해 초성 퀴즈를 한다고 합니다. 아래 제시된 초성 자음을 보고 과연 어떤 식물인지 알아맞혀 보세요.

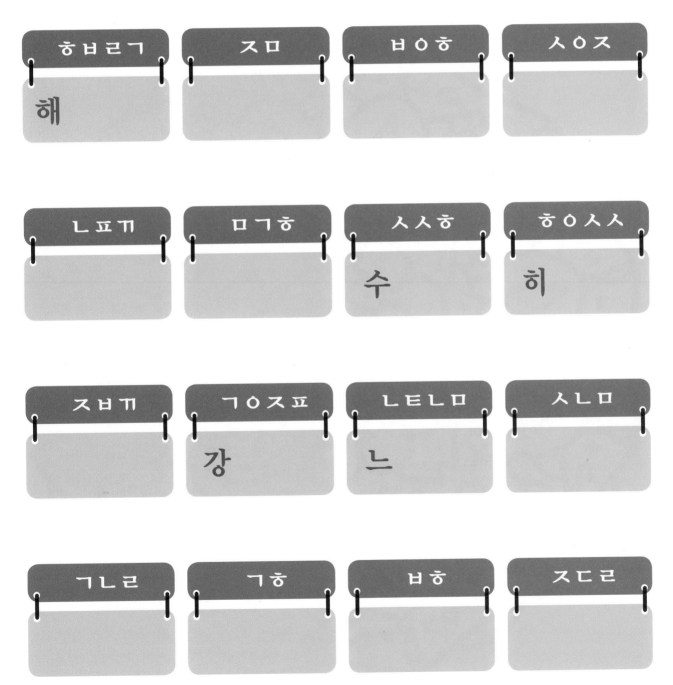

ㅎㅂㄹㄱ	ㅈㅁ	ㅂㅇㅎ	ㅅㅇㅈ
해			

ㄴㅍㄲ	ㅁㄱㅎ	ㅅㅅㅎ	ㅎㅇㅅㅅ
		수	히

ㅈㅂㄲ	ㄱㅇㅈㅍ	ㄴㅌㅁ	ㅅㄴㅁ
	강	느	

ㄱㄴㄹ	ㄱㅎ	ㅂㅎ	ㅈㄷㄹ

제 **7** 일
문제
1

패턴 따라 그리기

월 일
스트레스 해소
주의 집중

볼펜이나 연필을 이용해서 오른쪽 그림을 완성해 보세요. 희미한 선들이 또렷해지도록 좌우의 패턴을 똑같이 그려 보세요.

40

밑그림 따라 그리기

볼펜이나 색연필로 밑그림을 따라 그려 보세요. 희미한 선들이 또렷해지면 멋진 그림이 완성될 겁니다. 그냥 아무 생각 없이 편하게 그려 보세요.

같은 그림 찾기

세상에는 비슷한 모양의 것들이 많습니다. 하지만 자세히 보면 조금씩 다르다는 것을 알 수 있습니다. 어떤 것이 진짜 예시의 모양과 같은지 찾아보세요.

모두 몇 명인가요?

와! 정말 많은 여성들이 모여 있네요. 아바타가 각각 몇 명씩 있는지 세어 볼까요? 집중하지 않으면 처음부터 계속 다시 세어야 하니 주의 하세요!

43

다른 부분 찾아 쓰기

위 그림과 아래 그림은 두 곳이 서로 달라요. 바뀐 부분을 찾아서 어떻게 달라졌는지 글로 표현해 보세요.

1

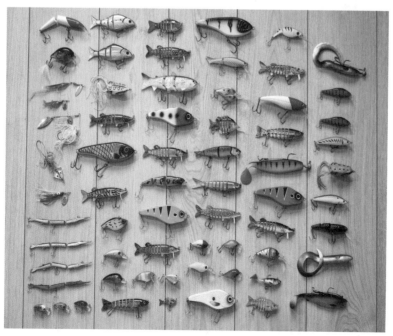

2

원고지 따라 쓰기

원고지에 글을 써 본 적 있으세요? 이제는 쉽게 볼 수 없지만, 원고지에 글쓰기를 하면 글자의 소중함을 알게 되고 주의 집중도 잘된답니다. 위 원고지에 쓰인 글자를 보면서 아래 빈 원고지에 똑같이 또박또박 잘 써 보세요.

낮	은		데		살	아	야		높	은		곳
오	르	기	가		위	태	한		줄		알		것
이	요	,	어	두	운		데		있	어	야		밝
은		곳	이		눈	부	심	을		알		것	이
며		고	요	함	을		지	켜	보	아	야		움
직	임		좋	아	함	이		부	질	없	음	을	
알		것	이	요	,		말	이		없	어	야	

장난감 화폐 계산하기

월 일
셈 하기
물체 인식

우리는 일상생활에서 다양한 종류의 지폐와 동전을 사용합니다. 자, 그럼 오늘은 장난감 화폐를 이용해서 은행놀이를 해 볼까요? 화폐의 앞면과 뒷면을 자세히 살펴보세요. 지폐와 동전을 합한 금액은 모두 얼마일까요?

원 _____

무슨 이야기를 할까요?

사람들은 동물인 새나 강아지는 물론 식물인 장미와 해바라기의 말을 알아들을 수 없습니다. 하지만 때때로 그들의 모습을 지켜보면 무슨 말을 하는 것처럼 느껴질 때가 있습니다. 그렇다면 기린들은 무슨 이야기를 하고 있을지 상상해서 써 보세요.

틀린 그림 찾기

틀린 그림 찾기는 누구나가 한 번 이상은 꼭 해 본 게임일 겁니다. 여기에 비슷한 그림이 위아래로 놓여 있습니다. 비교해 보면서 하나씩 틀린 그림을 찾아보세요. 틀린 곳은 모두 5곳입니다.

기억해서 써 보기

당신의 기억력은 얼마나 좋은가요? 방금 본 사물이나 형태, 글자나 번호를 얼마나 기억할 수 있나요?
아래의 동물들을 5초 동안 살펴본 후 손바닥이나 종이로 가립니다.
어떤 동물이 몇 마리씩 있는지 생각나는 대로 적어보세요.

요리조리 훈민정음

아래 주어진 자음과 모음으로 여러분이 알고 있는 단어를 만들어 아래 빈 칸에 써 보세요. 생각보다 많은 단어가 숨어 있습니다. 매일매일 다시 보아도 더 찾을 수 있을 정도랍니다.

ㅇ	ㅂ	ㅎ	ㄱ	ㅍ
ㄷ	ㄹ	ㅁ	ㄴ	ㅊ
ㅏ	ㅓ	ㅗ	ㅠ	ㅡ
ㅕ	ㅛ	ㅜ	ㅑ	ㅣ

예 보물

이 가족을 소개해 보세요

우리 주변에는 다양하게 구성된 가족들이 있습니다. 1인 가족부터 3대 이상의 대가족, 이제 막 결혼한 신혼부부도 있습니다. 얼마 전에 새로 이사 온 옆집 거실에 가족사진이 걸려 있네요. 이 가족에 대해서 여러분이 한번 소개해 보세요. (이름, 나이, 직업, 특징, 취미 등등)

예 이들은 (   )입니다. 아버지 이름은 (   )이고, 엄마는 (   )입니다. 아이들은 (   ), (   )이고 키우는 애완동물은 ……

눈을 크게 뜨고 찾기

월 일
주의 집중
비교

다 똑같은 그림이라고요? 맞습니다. 딱 하나만 빼고요.
이렇게 많은 그림 중에서 단 하나의 다른 그림을 찾아보세요. 다른
모습을 하고 있는 곰은 어디에 있을까요?

중얼중얼 셈하기

숫자는 소리 나는 대로 글자로, 글자는 숫자로 바꿔서 써 보세요. 그런 다음 해당 규칙에 따라 더하고 빼면서 계산해 봅시다. 빨리 여러 번 반복하면 머릿속에서 숫자와 글자, 기호가 함께 떠올라 두뇌 회전에 도움을 줍니다. 앞에서부터 차례대로 계산해 보세요.

  9-3+2 = 구빼기삼더하기이 = 8
구빼기삼더하기이 = 9-3+2 = 8

1. 205+63-66=

2. 사십구더하기팔십삼빼기칠은?

3. 94+25-71=

4. 오백삼십구더하기백칠빼기이백삼은?

5. 347+41-236=

6. 백사십오빼기칠십삼더하기오십오는?

땅따먹기

아래는 작물을 심은 밭을 색깔별로 구별해 본 것입니다. 빨간색은 고추밭, 초록색은 시금치밭일까요? 그럼 가장 넓은 면적을 가진 밭은 어떤 색깔의 밭일까요? 넓은 밭부터 차례대로 손가락으로 짚어 봅시다.

따라 읽기·따라 쓰기

시각·청각·후각·촉각·미각의 오감을 자극하는 글입니다. 따라 읽고 쓰다 보면 그 글이 어느새 오감을 통해 온몸으로 스며드는 기분을 느낄 거예요. 그러면 자연히 마음이 편안해지고, 뇌에 좋은 영향을 주어 상상력이 풍부해집니다.

어떤 사람이 천국과 지옥에서 식사하는 풍경을 구경하게 되었습니다. 음식이나 환경이 전혀 다를 것이라고 생각했는데 이상하게도 천국이나 지옥이나 먹는 음식이 모두 같았습니다. 또한 아주 긴 젓가락을 쓰는 것도 다르지 않았습니다.

밥 먹는 시간이 되자 드디어 천국과 지옥의 차이점이 드러나기 시작했습니다. 지옥에서는 긴 젓가락으로 음식을 각자 자기 입에만 넣으려고 했습니다. 하지만 긴 젓가락으로 먹을 수가 없으니 서로 짜증을 내며 아우성이었습니다.

그렇다면 천국에서는 어땠을까요? 그 긴 젓가락으로 맞은편에 있는 사람에게 다정하게 먹여 주고 있었습니다.

이 집을 소개해 보세요

아름다운 배경이나 멋진 거실과 방을 가진 집들을 볼 수 있습니다. 여러분이 이런 집에 초대를 받았다면 이 집(거실, 방)은 누구의 집(거실, 방)이고 얼마나 멋진 곳인지 우리에게 알려줄 수 있나요? 상상의 나래를 펼칠 수 있도록 친절하고 꼼꼼하게 설명해 주세요.

다른 그림 찾기

다 똑같은 그림 아닌가요? 정말 그렇게 생각하세요?
자세히 보면 딱 하나만 다른 모양이나 색깔을 가집니다. 빨리 찾으려
다 보면 더 헷갈립니다. 찬찬히 잘 들여다보세요.

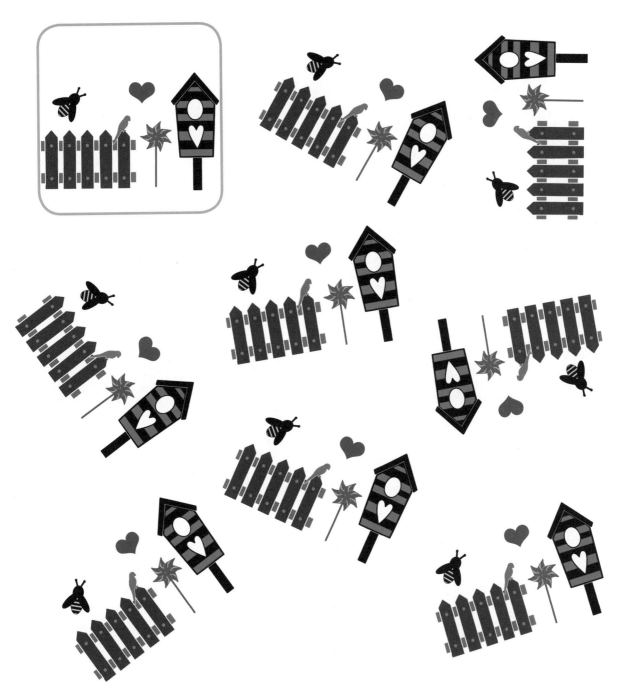

꼬리에 꼬리를 무는 속담

속담이란 사람들의 오랜 생활이나 체험에서 얻어진 생각과 교훈을 짧막한 말로 나타낸 것입니다. 속담은 비유적인 표현을 많이 씁니다. 또한 교훈, 풍자, 해학이 잘 드러나는 강한 느낌의 짧은 문장입니다. 아래 낱말들을 순서대로 배열하여 속담을 완성해 보세요.

> 홍두깨. / 방망이, / 오는 / 가는

섣불리 남을 해치려다 도리어 큰 화를 입는 것을 두고 하는 말.

> 올챙이 / 못한다. / 적 / 생각을 / 개구리

전에 비하여 형편이 좀 나아지자 어렵던 때의 일을 생각지 아니하고 젠체함을 비꼬는 말.

> 싸움에 / 터진다. / 고래 / 새우등

힘센 사람끼리 싸우는데 약한 사람이 그 사이에 끼어 아무 상관없이 피해를 입는다는 말.

> 셋이다. / 나라 / 임금이 / 하나에

한 집안에 어른이 여럿 있으면 일이 안 되고 분란만 생긴다는 뜻.

미로 찾기

밤하늘에 빛나는 많은 별들은 우리의 가슴을 설레게 합니다. 앗! 그런데 망원경으로 본 우주의 모습이 잠깐 흐려졌습니다. 무슨 문제가 생긴 걸까요? 망원경으로 다시 행성의 모습을 볼 수 있도록 길을 찾아보세요. 그럼 출발!

내 이름을 써줘

동물의 이름은 예와 같습니다. 왼쪽부터 순서대로 동물의 이름을 가능한 빨리 아래에 써 보세요. 주의할 점은, 동물 그림이 거꾸로 되어 있으면 이름도 거꾸로 써주어야 한다는 것입니다.

예

| 대장군 | 까불이 | 깡총이 | 복슬이 | 먹깨비 |

양손 운동 차차차

신체로 정보를 받아들이면 교차로 오른쪽과 왼쪽 뇌에 전달됩니다.
양손을 모두 사용하면 뇌가 균형 있게 발달합니다. 손가락 아이콘이
있는 곳에서 시작해 양손으로 동시에 화살표를 따라가 봅시다. 불편
하면 바닥에 책과 같은 선이 있다고 생각하면서 따라 해 보세요.

얼굴 그려 넣기

월 일
감정 생성
상상력 증가

여기에 얼굴의 형태만 있고 표정이 없는 사람들이 있습니다. 눈, 코, 입은 물론 눈썹, 입술, 눈동자를 어떻게 그리느냐에 따라 표정이 달라집니다. 때로는 말보다 표정만으로 상대의 마음을 읽을 수도 있습니다. 감정을 담아 다양하게 표현해 보세요.

행복한 감사일기

최근에 기분 좋은 일이나 감사할 일들이 얼마나 있었나요? 화려한 옷을 입지 않아도 환한 사람이 있습니다. 바로 감사하는 사람입니다. 감사하는 마음으로 세상을 살면 감사할 일들만 생깁니다. 아주 사소해도 괜찮으니 감사한 일들을 아래에 적어 보세요.

1.

2.

3.

4.

5.

6.

7.

8.

9.

10.

속담 벌집 완성하기

예로부터 민간에 전하여 오는 쉬운 격언을 속담이라고 합니다. 우리가 흔히 사용하는 '가는 말이 고와야 오는 말이 곱다.'와 같은 말들입니다. 아래 벌집 속에 있는 글자들을 조합하여 숨은 속담을 찾아 보세요.

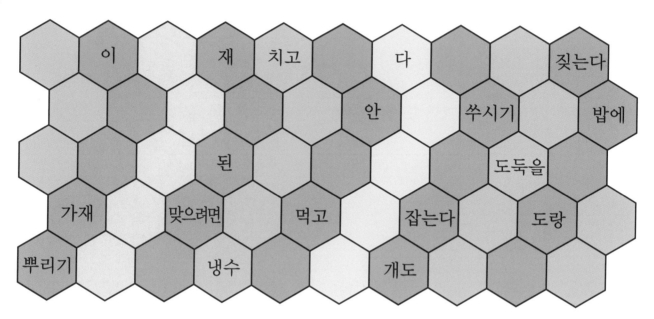

이 | 재 | 치고 | 다 | 짖는다
안 | 쑤시기 | 밥에
된 | 도둑을
가재 | 맞으려면 | 먹고 | 잡는다 | 도랑
뿌리기 | 냉수 | 개도

머리가 좋아지는 초성 퀴즈

요즘 뇌신경센터에서는 건강한 뇌 훈련이나 치매 예방을 위해 초성 퀴즈를 한다고 합니다. 아래 제시된 초성 자음을 보고 과연 어떤 식물인지 알아맞혀 보세요.

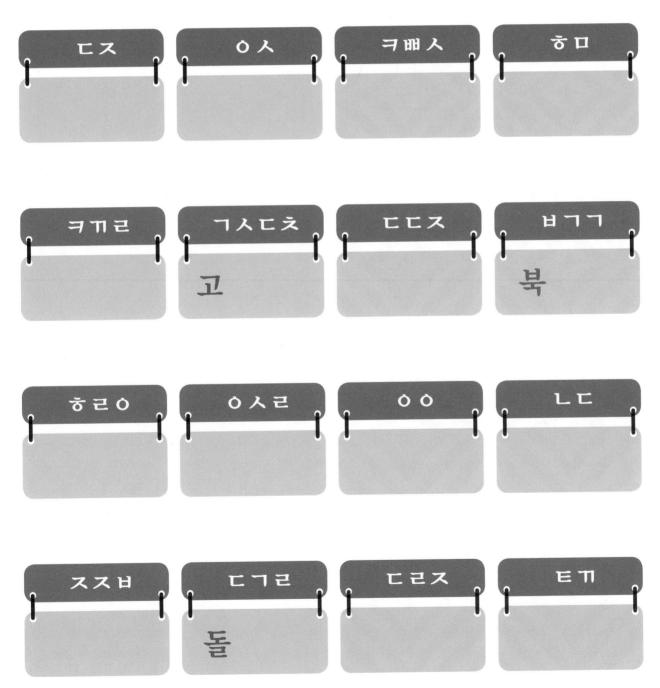

패턴 따라 그리기

볼펜이나 연필을 이용해서 오른쪽 그림을 완성해 보세요. 희미한 선들이 또렷해지도록 좌우의 패턴을 똑같이 그려 보세요.

밑그림 따라 그리기

볼펜이나 색연필로 밑그림을 따라 그려 보세요. 희미한 선들이 또렷해지면 멋진 그림이 완성될 겁니다. 그냥 아무 생각 없이 편하게 그려 보세요.

같은 그림 찾기

세상에는 비슷한 모양의 것들이 많습니다. 하지만 자세히 보면 조금씩 다르다는 것을 알 수 있습니다. 어떤 것이 진짜 예시의 모양과 같은지 찾아보세요.

모두 몇 명인가요?

와! 동물원에 묘기를 부리는 동물들이 잔뜩 모여 있네요. 종류별로 각 각 몇 마리씩 있는지 세어 볼까요? 집중하지 않으면 처음부터 계속 다시 세어야 하니 주의하세요!

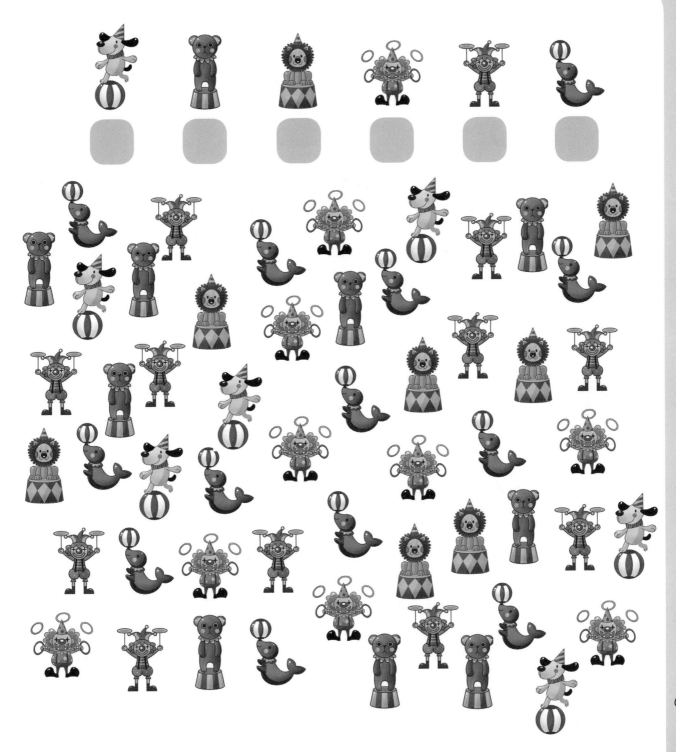

다른 부분 찾아 쓰기

월 일
주의 집중
위치/모양 비교

위 그림과 아래 그림은 두 곳이 서로 달라요. 바뀐 부분을 찾아서 어떻게 달라졌는지 글로 표현해 보세요.

1

2

원고지 따라 쓰기

원고지에 글을 써 본 적 있으세요? 이제는 쉽게 볼 수 없지만, 원고지에 글쓰기를 하면 글자의 소중함을 알게 되고 주의 집중도 잘된답니다. 위 원고지에 쓰인 글자를 보면서 아래 빈 원고지에 똑같이 또박또박 잘 써 보세요.

겸	손	은		사	람	을		머	물	게		하	고,
칭	찬	은		사	람	을		가	깝	게		하	고,
포	용	은		사	람	을		따	르	게		하	고,
배	려	는		사	람	을		감	동	케		하	고,
존	중	은		사	람	을		미	소		짓	게	
한	다	.											

장난감 화폐 계산하기

월   일
셈 하기
물체 인식

우리는 일상생활에서 다양한 종류의 지폐와 동전을 사용합니다. 자, 그럼 오늘은 장난감 화폐를 이용해서 은행놀이를 해 볼까요? 화폐의 앞면과 뒷면을 자세히 살펴보세요. 지폐와 동전을 합한 금액은 모두 얼마일까요?

원
_____

무슨 이야기를 할까요?

사람들은 동물인 새나 강아지는 물론 식물인 장미와 해바라기의 말을 알아들을 수 없습니다. 하지만 때때로 그들의 모습을 지켜보면 무슨 말을 하는 것처럼 느껴질 때가 있습니다. 그렇다면 개들은 무슨 이야기를 하고 있을지 상상해서 써 보세요.

틀린 그림 찾기

집중력/비교
변화 파악

제2일 문제 ③

틀린 그림 찾기는 누구나가 한 번 이상은 꼭 해 본 게임일 겁니다. 여기에 비슷한 그림이 위아래로 놓여 있습니다. 비교해 보면서 하나씩 틀린 그림을 찾아보세요. 틀린 곳은 모두 5곳입니다.

기억해서 써 보기

당신의 기억력은 얼마나 좋은가요? 방금 본 사물이나 형태, 글자나 번호를 얼마나 기억할 수 있나요?
아래의 간식을 5초 동안 암기한 후 손바닥이나 종이로 가립니다. 무엇이 몇 개씩 있는지 생각나는 대로 적어보세요.

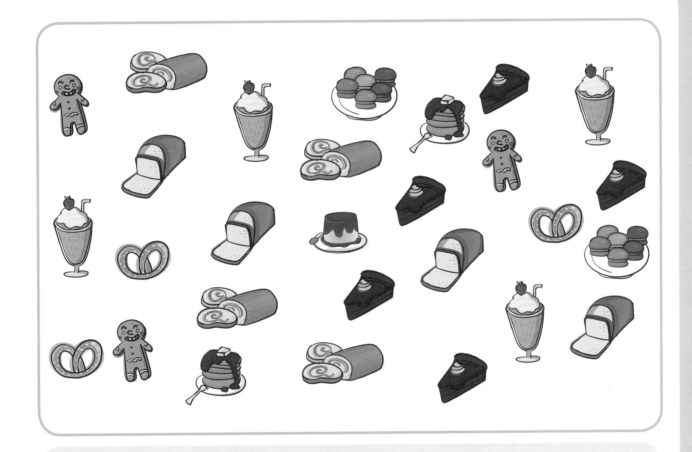

요리조리 훈민정음

아래 주어진 자음과 모음으로 여러분이 알고 있는 단어를 만들어 아래 빈 칸에 써 보세요. 생각보다 많은 단어가 숨어 있습니다. 매일매일 다시 보아도 더 찾을 수 있을 정도랍니다.

ㅇ	ㅈ	ㅋ	ㄱ	ㅍ
ㄷ	ㄴ	ㅁ	ㅅ	ㅂ
ㅏ	ㅓ	ㅗ	ㅠ	ㅡ
ㅕ	ㅛ	ㅜ	ㅑ	ㅣ

예 모자

이 가족을 소개해 보세요

월   일
시각 정보 수집
유추

우리 주변에는 다양하게 구성된 가족들이 있습니다. 1인 가족부터 3대 이상의 대가족, 이제 막 결혼한 신혼부부도 있습니다. 얼마 전에 새로 이사 온 옆집 거실에 가족사진이 걸려 있네요. 이 가족에 대해서 여러분이 한번 소개해 보세요. (이름, 나이, 직업, 특징, 취미 등등)

📝 이들은 (   )입니다. 아버지 이름은 (   )이고, 엄마는 (   )입니다. 아이들은 (   ), (   )이고 키우는 애완동물은 …….

눈을 크게 뜨고 찾기

다 똑같은 그림이라고요? 맞습니다. 딱 하나만 빼고요.
이렇게 많은 그림 중에서 단 하나의 다른 그림을 찾아보세요. 다른
모습을 하고 있는 무당벌레는 어디에 있을까요?

중얼중얼 셈하기

숫자는 소리 나는 대로 글자로, 글자는 숫자로 바꿔서 써 보세요. 그런 다음 해당 규칙에 따라 더하고 빼면서 계산해 봅시다. 빨리 여러 번 반복하면 머릿속에서 숫자와 글자, 기호가 함께 떠올라 두뇌 회전에 도움을 줍니다. 앞에서부터 차례대로 계산해 보세요.

예
> 9-3+2 = 구빼기삼더하기이 = 8
> 구빼기삼더하기이 = 9-3+2 = 8

1. 774+82-565=

2. 사백이십칠더하기육십구빼기이십칠은?

3. 873+46-126=

4. 오십팔빼기사십칠더하기삼백사는?

5. 42+367-232=

6. 팔백삼더하기오백구빼기구십칠은?

땅따먹기

아래는 작물을 심은 밭을 색깔별로 구별해 본 것입니다. 빨간색은 고추밭, 초록색은 시금치밭일까요? 그럼 가장 넓은 면적을 가진 밭은 어떤 색깔의 밭일까요? 넓은 밭부터 차례대로 손가락으로 짚어 봅시다.

따라 읽기·따라 쓰기

시각·청각·후각·촉각·미각의 오감을 자극하는 글입니다. 따라 읽고 쓰다 보면 그 글이 어느새 오감을 통해 온몸으로 스며드는 기분을 느낄 거예요. 그러면 자연히 마음이 편안해지고, 뇌에 좋은 영향을 주어 상상력이 풍부해집니다.

어떤 사람이 성자에게 물었습니다.

"인생에서 가장 중요한 때는 언제이며, 가장 중요한 사람은 누구이며, 가장 중요한 일은 무엇입니까?"

"가장 중요한 시간은 현재다. 그것은 지금 이 순간만이 우리가 스스로를 통제하고 고쳐나갈 수 있기 때문이다. 둘째로 가장 중요한 사람은 지금 당신 앞에 있는 사람이다. 사람은 앞으로 어떤 사람과 관계를 맺을지 알 수 없기 때문에 현재 당신 앞에 있는 사람에게 충실해야 한다. 마지막으로 가장 중요한 일은 당신 앞에 있는 사람과 서로 사랑하는 일이다. 우리 인간은 서로 사랑하고 사랑받기 위해 태어났기 때문이다."

이 집을 소개해 보세요 —— 월 일

감정 생성
사고

아름다운 배경이나 멋진 거실과 방을 가진 집들을 볼 수 있습니다. 여러분이 이런 집에 초대를 받았다면 이 집(거실, 방)은 누구의 집(거실, 방)이고 얼마나 멋진 곳인지 우리에게 알려줄 수 있나요? 상상의 나래를 펼칠 수 있도록 친절하고 꼼꼼하게 설명해 주세요.

다른 그림 찾기

다 똑같은 그림 아닌가요? 정말 그렇게 생각하세요?
자세히 보면 딱 하나만 다른 모양이나 색깔을 가집니다. 빨리 찾으려
다 보면 더 헷갈립니다. 찬찬히 잘 들여다보세요.

꼬리에 꼬리를 무는 속담

속담이란 사람들의 오랜 생활이나 체험에서 얻어진 생각과 교훈을 짧막한 말로 나타낸 것입니다. 속담은 비유적인 표현을 많이 씁니다. 또한 교훈, 풍자, 해학이 잘 드러나는 강한 느낌의 짧은 문장입니다. 아래 낱말들을 순서대로 배열하여 속담을 완성해 보세요.

꿰어야 / 구슬이 / 보배다. / 말이라도 / 서

아무리 좋은 솜씨와 훌륭한 일이라도 끝을 마쳐야 쓸모가 있다.

구르는 / 있다. / 굼벵이도 / 재주가

아무리 미련하고 못난 사람이라도 생명만은 이어 갈 수 있다는 말.

문다. / 궁지에 / 고양이를 / 쥐가 / 몰린

아무리 약한 자라도 죽을 지경에 이르면 강적에게 용기를 내어 달려든다는 말.

잔치에 / 것 / 먹을 / 없다. / 소문난

세상의 평판과 실제는 일치하지 않다는 말.

미로 찾기

제과제빵을 하는 요리사가 있습니다. 잠시 어디 다녀온 사이에 맛있
는 빵과 샌드위치, 쿠키와 조미료 통이 사라졌네요? 갓 구운 빵 냄새
를 맡으며 사라진 것들을 찾아보세요. 그럼 출발!

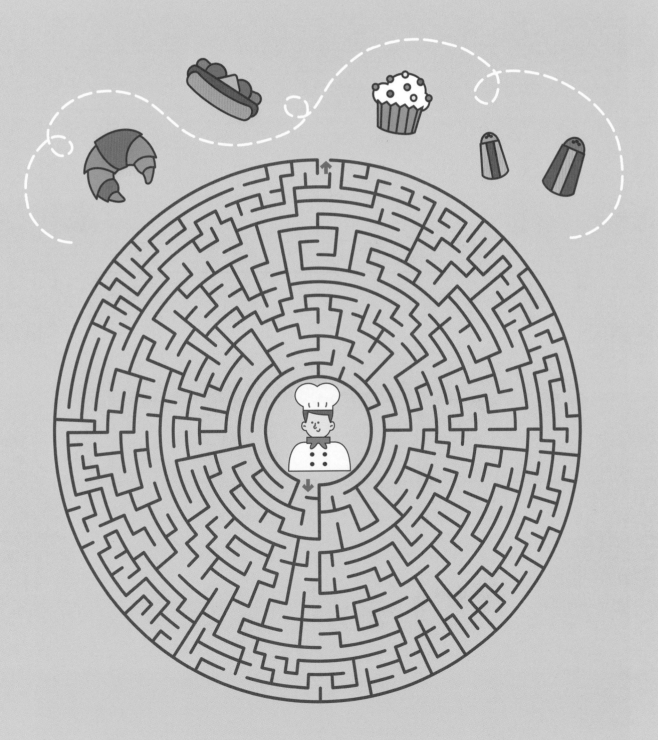

내 이름을 써줘

동물의 이름은 [예]와 같습니다. 왼쪽부터 순서대로 동물의 이름을 가능한 빨리 아래에 써 보세요. 주의할 점은, 동물 그림이 거꾸로 되어 있으면 이름도 거꾸로 써주어야 한다는 것입니다.

예

대장군   까불이   깡총이   복슬이   먹깨비

양손 운동 차차차

신체로 정보를 받아들이면 교차로 오른쪽과 왼쪽 뇌에 전달됩니다. 양손을 모두 사용하면 뇌가 균형 있게 발달합니다. 손가락 아이콘이 있는 곳에서 시작해 양손으로 동시에 화살표를 따라가 봅시다. 불편하면 바닥에 책과 같은 선이 있다고 생각하면서 따라 해 보세요.

얼굴 그려 넣기

여기에 얼굴의 형태만 있고 표정이 없는 사람들이 있습니다. 눈, 코, 입은 물론 눈썹, 입술, 눈동자를 어떻게 그리느냐에 따라 표정이 달라집니다. 때로는 말보다 표정만으로 상대의 마음을 읽을 수도 있습니다. 감정을 담아 다양하게 표현해 보세요.

행복한 감사일기

최근에 기분 좋은 일이나 감사할 일들이 얼마나 있었나요? 화려한 옷을 입지 않아도 환한 사람이 있습니다. 바로 감사하는 사람입니다. 감사하는 마음으로 세상을 살면 감사할 일들만 생깁니다. 아주 사소해도 괜찮으니 감사한 일들을 아래에 적어 보세요.

1.

2.

3.

4.

5.

6.

7.

8.

9.

10.

속담 벌집 완성하기

예로부터 민간에 전하여 오는 쉬운 격언을 속담이라고 합니다. 우리가 흔히 사용하는 '가는 말이 고와야 오는 말이 곱다.'와 같은 말들입니다. 아래 벌집 속에 있는 글자들을 조합하여 숨은 속담을 찾아 보세요.

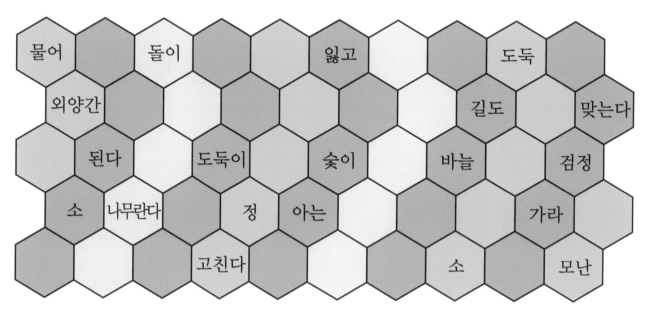

머리가 좋아지는 초성 퀴즈

요즘 뇌신경센터에서는 건강한 뇌 훈련이나 치매 예방을 위해 초성 퀴즈를 한다고 합니다. 아래 제시된 초성 자음을 보고 과연 어떤 물고기인지 알아맞혀 보세요.

ㅎㅇ	ㄷㄱ	ㅅㅅㄹ 송	ㄱㄷㅇ

ㅇㅇ	ㅁㄲㄹㅈ	ㄱㅁㅊ	ㅅㅇ

ㅂㅇ 복	ㅁㅊ	ㄱㅈㅁ	ㅇㅈㅇ

ㄱㅊ	ㅅㅇ	ㅈㄱㅇ 전	ㅅㅊ

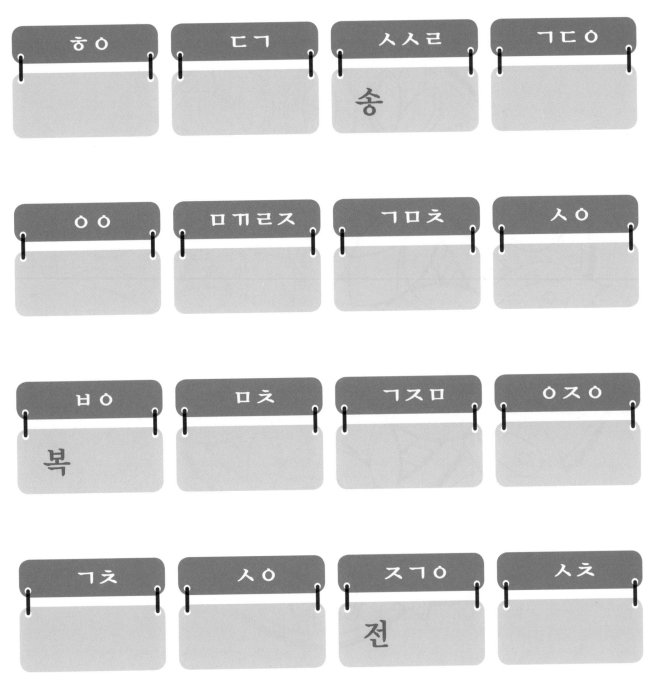

패턴 따라 그리기

볼펜이나 연필을 이용해서 오른쪽 그림을 완성해 보세요. 희미한 선들이 또렷해지도록 좌우의 패턴을 똑같이 그려 보세요.

밑그림 따라 그리기

월   일
스트레스 해소
주의 집중

볼펜이나 색연필로 밑그림을 따라 그려 보세요. 희미한 선들이 또렷해지면 멋진 그림이 완성될 겁니다. 그냥 아무 생각 없이 편하게 그려 보세요.

같은 그림 찾기

세상에는 비슷한 모양의 것들이 많습니다. 하지만 자세히 보면 조금씩 다르다는 것을 알 수 있습니다. 어떤 것이 진짜 예시의 모양과 같은지 찾아보세요.

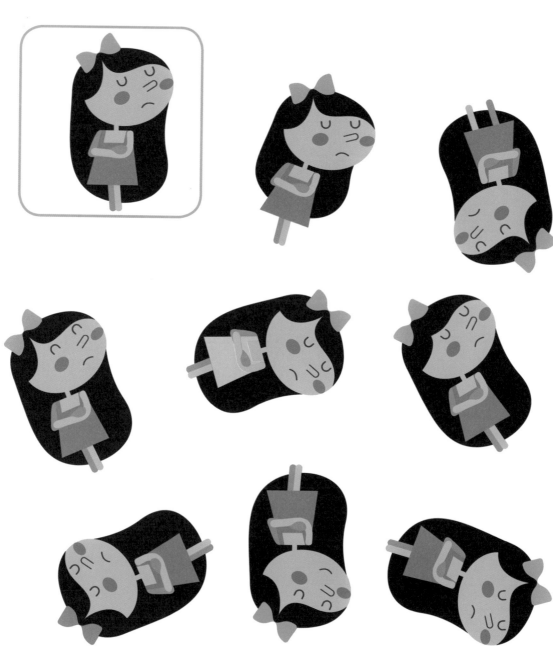

모두 몇 명인가요?

와! 정말 많은 아이들이 모여 있네요. 아바타가 각각 몇 명씩 있는지 세어 볼까요? 집중하지 않으면 처음부터 계속 다시 세어야 하니 주의하세요!

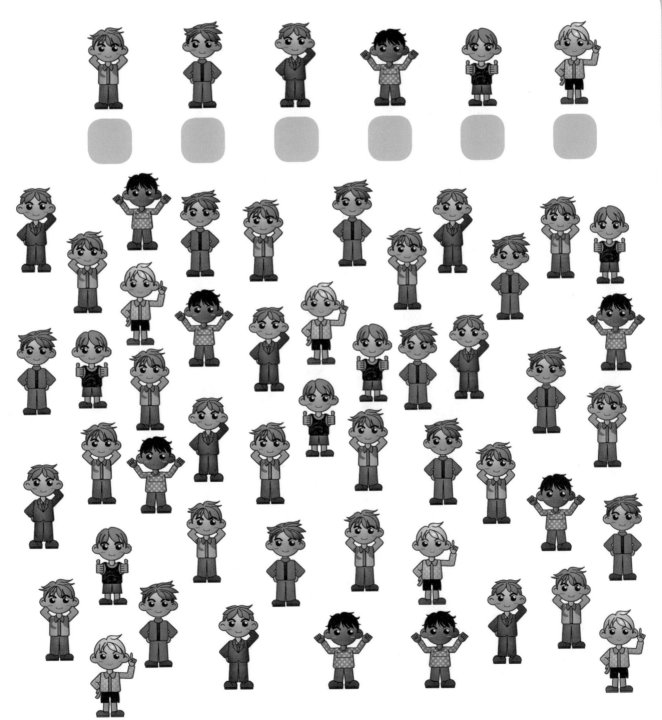

다른 부분 찾아 쓰기

위 그림과 아래 그림은 두 곳이 서로 달라요. 바뀐 부분을 찾아서 어떻게 달라졌는지 글로 표현해 보세요.

1

2

원고지 따라 쓰기

원고지에 글을 써 본 적 있으세요? 이제는 쉽게 볼 수 없지만, 원고지에 글쓰기를 하면 글자의 소중함을 알게 되고 주의 집중도 잘된답니다. 위 원고지에 쓰인 글자를 보면서 아래 빈 원고지에 똑같이 또박또박 잘 써 보세요.

내		마	음		속	에	는		나	의		적	이
많	다	.		이	기	심	,		비	겁	,	게	으	름	,
탐	욕	,		좌	절	감		등	은		모	두		내
가		싸	워	서		물	리	쳐	야		할		적
이	다	.		이	러	한		내		안	의		적	을
이	기	지		못	할		때		나	는		비	겁
하	고	,		무	책	임	하	고	,		안	일	한		인

장난감 화폐 계산하기

우리는 일상생활에서 다양한 종류의 지폐와 동전을 사용합니다. 자, 그럼 오늘은 장난감 화폐를 이용해서 은행놀이를 해 볼까요? 화폐의 앞면과 뒷면을 자세히 살펴보세요. 지폐와 동전을 합한 금액은 모두 얼마일까요?

원

무슨 이야기를 할까요?

사람들은 동물인 새나 강아지는 물론 식물인 장미와 해바라기의 말을 알아들을 수 없습니다. 하지만 때때로 그들의 모습을 지켜보면 무슨 말을 하는 것처럼 느껴질 때가 있습니다. 그렇다면 염소들은 무슨 이야기를 하고 있을지 상상해서 써 보세요.

틀린 그림 찾기

틀린 그림 찾기는 누구나가 한 번 이상은 꼭 해 본 게임일 겁니다. 여기에 비슷한 그림이 위아래로 놓여 있습니다. 비교해 보면서 하나씩 틀린 그림을 찾아보세요. 틀린 곳은 모두 5곳입니다.

기억해서 써 보기

당신의 기억력은 얼마나 좋은가요? 방금 본 사물이나 형태, 글자나 번호를 얼마나 기억할 수 있나요?

아래의 해수욕에 필요한 것들을 5초 동안 암기한 후 손바닥이나 종이로 가립니다. 무엇이 몇 개씩 있는지 생각나는 대로 적어보세요.

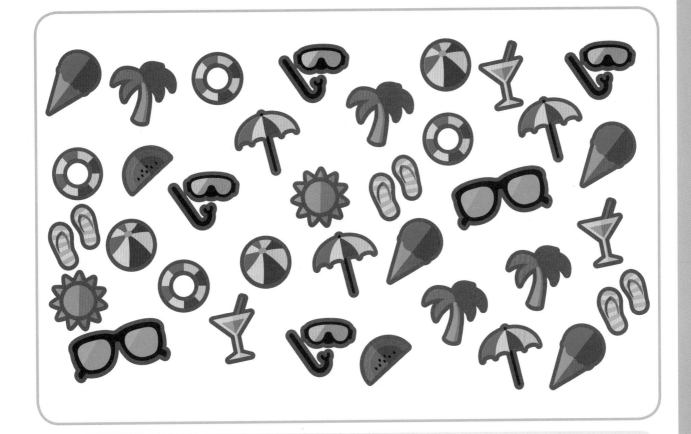

요리조리 훈민정음

아래 주어진 자음과 모음으로 여러분이 알고 있는 단어를 만들어 아래 빈 칸에 써 보세요. 생각보다 많은 단어가 숨어 있습니다. 매일매일 다시 보아도 더 찾을 수 있을 정도랍니다.

ㅇ	ㅈ	ㅌ	ㄱ	ㅍ
ㅂ	ㄹ	ㅁ	ㅅ	ㅊ
ㅏ	ㅓ	ㅗ	ㅠ	ㅡ
ㅕ	ㅛ	ㅜ	ㅑ	ㅣ

예 톱

이 가족을 소개해 보세요

우리 주변에는 다양하게 구성된 가족들이 있습니다. 1인 가족부터 3대 이상의 대가족, 이제 막 결혼한 신혼부부도 있습니다. 얼마 전에 새로 이사 온 옆집 거실에 가족사진이 걸려 있네요. 이 가족에 대해서 여러분이 한번 소개해 보세요. (이름, 나이, 직업, 특징, 취미 등등)

📝 이들은 (   )입니다. 아버지 이름은 (   )이고, 엄마는 (   )입니다. 아이들은 (   ), (   )이고 키우는 애완동물은 …….

눈을 크게 뜨고 찾기

다 똑같은 그림이라고요? 맞습니다. 딱 하나만 빼고요.
이렇게 많은 그림 중에서 단 하나의 다른 그림을 찾아보세요. 다른
모습을 하고 있는 시계는 어디에 있을까요?

중얼중얼 셈하기

숫자는 소리 나는 대로 글자로, 글자는 숫자로 바꿔서 써 보세요. 그런 다음 해당 규칙에 따라 더하고 빼면서 계산해 봅시다. 빨리 여러 번 반복하면 머릿속에서 숫자와 글자, 기호가 함께 떠올라 두뇌 회전에 도움을 줍니다. 앞에서부터 차례대로 계산해 보세요.

 예

9-3+2 = 구빼기삼더하기이 = 8

구빼기삼더하기이 = 9-3+2 = 8

1. 568+432-76=

2. 이백칠십일빼기백삼십구더하기오십칠은?

3. 436+21-236=

4. 칠십팔더하기삽십빼기오십팔은?

5. 76+126-37=

6. 사백이십구빼기이백오더하기사십오는?

땅따먹기

아래는 작물을 심은 밭을 색깔별로 구별해 본 것입니다. 빨간색은 고추밭, 초록색은 시금치밭일까요? 그럼 가장 넓은 면적을 가진 밭은 어떤 색깔의 밭일까요? 넓은 밭부터 차례대로 손가락으로 짚어 봅시다.

따라 읽기·따라 쓰기

월   일

안정감
몰입감/집중

시각·청각·후각·촉각·미각의 오감을 자극하는 글입니다. 따라 읽고 쓰다 보면 그 글이 어느새 오감을 통해 온몸으로 스며드는 기분을 느낄 거예요. 그러면 자연히 마음이 편안해지고, 뇌에 좋은 영향을 주어 상상력이 풍부해집니다.

말을 잘하는 것은 쉽지 않은 일입니다. 말을 잘하는 것은 타고난 재능이기도 하고 피나는 노력의 결과이기도 합니다. 그런데 말을 잘하는 것보다 더 값을 두둑히 받을 수 있는 것이 있습니다. 그것은 바로 남의 말을 잘 듣는 것인 경청입니다. 경청하는 것은 타고난 재능도 필요 없고, 피나는 노력이 없어도 됩니다. 입을 다물고 상대방의 말을 주의해서 듣고 공감하면 됩니다. 그러나 이 간단한 일을 할 줄 아는 사람이 백 명에 두 명도 되질 않습니다. 모두가 입을 열어서 잘난 척, 똑똑한 척, 아는 척을 하면서 상대방을 가르치려고 들기 때문입니다. 입을 닫고 마음을 열어 보십시오. 세상에서 제일 큰 선물을 얻을 수 있을 것입니다.

제 4 일
문제
3

이 집을 소개해 보세요

월 일

감정 생성

사고

아름다운 배경이나 멋진 거실과 방을 가진 집들을 볼 수 있습니다. 여러분이 이런 집에 초대를 받았다면 이 집(거실, 방)은 누구의 집(거실, 방)이고 얼마나 멋진 곳인지 우리에게 알려줄 수 있나요? 상상의 나래를 펼칠 수 있도록 친절하고 꼼꼼하게 설명해 주세요.

다른 그림 찾기

다 똑같은 그림 아닌가요? 정말 그렇게 생각하세요?
자세히 보면 딱 하나만 다른 모양이나 색깔을 가집니다. 빨리 찾으려
다 보면 더 헷갈립니다. 찬찬히 잘 들여다보세요.

꼬리에 꼬리를 무는 속담

속담이란 사람들의 오랜 생활이나 체험에서 얻어진 생각과 교훈을 짧막한 말로 나타낸 것입니다. 속담은 비유적인 표현을 많이 씁니다. 또한 교훈, 풍자, 해학이 잘 드러나는 강한 느낌의 짧은 문장입니다. 아래 낱말들을 순서대로 배열하여 속담을 완성해 보세요.

귀에 / 코걸이 / 걸면 / 귀걸이 / 코에 / 걸면

정해 놓은 것이 아니고 둘러 댈 탓이라는 뜻.

못 / 찔러나 / 먹는 / 본다. / 감

일이 자신에게 불리할 때 심술을 부려 훼방한다.

친다. / 번개가 / 천둥을 / 잦으면

자주 말이 나는 일은 마침내는 그대로 되고야 만다.

땅을 / 아프다. / 사촌이 / 배가 / 사면

남이 잘 되는 것을 매우 시기함을 일컫는 말.

미로 찾기

목장에서는 젖소들이 유유히 풀을 뜯고 있습니다. 젖소는 오늘도 맛있는 우유를 만들어 냅니다.
젖을 짤 시간인데 누군가 우유병을 다른 곳에 가져다 두었습니다. 우유병을 찾을 수 있도록 도와주세요. 그럼 출발!

내 이름을 써줘

동물의 이름은 예와 같습니다. 왼쪽부터 순서대로 동물의 이름을 가능한 빨리 아래에 써 보세요. 주의할 점은, 동물 그림이 거꾸로 되어 있으면 이름도 거꾸로 써주어야 한다는 것입니다.

예

| 대장군 | 까불이 | 깡총이 | 복슬이 | 먹깨비 |

양손 운동 차차차

신체로 정보를 받아들이면 교차로 오른쪽과 왼쪽 뇌에 전달됩니다. 양손을 모두 사용하면 뇌가 균형 있게 발달합니다. 손가락 아이콘이 있는 곳에서 시작해 양손으로 동시에 화살표를 따라가 봅시다. 불편하면 바닥에 책과 같은 선이 있다고 생각하면서 따라 해 보세요.

1
2
3
4
5

一
二
三
四
伍

얼굴 그려 넣기

여기에 얼굴의 형태만 있고 표정이 없는 사람들이 있습니다. 눈, 코, 입은 물론 눈썹, 입술, 눈동자를 어떻게 그리느냐에 따라 표정이 달라집니다. 때로는 말보다 표정만으로 상대의 마음을 읽을 수도 있습니다. 감정을 담아 다양하게 표현해 보세요.

행복한 감사일기

최근에 기분 좋은 일이나 감사할 일들이 얼마나 있었나요? 화려한 옷을 입지 않아도 환한 사람이 있습니다. 바로 감사하는 사람입니다. 감사하는 마음으로 세상을 살면 감사할 일들만 생깁니다. 아주 사소해도 괜찮으니 감사한 일들을 아래에 적어 보세요.

1.

2.

3.

4.

5.

6.

7.

8.

9.

10.

속담 벌집 완성하기

예로부터 민간에 전하여 오는 쉬운 격언을 속담이라고 합니다. 우리가 흔히 사용하는 '가는 말이 고와야 오는 말이 곱다.'와 같은 말들입니다. 아래 벌집 속에 있는 글자들을 조합하여 숨은 속담을 찾아보세요.

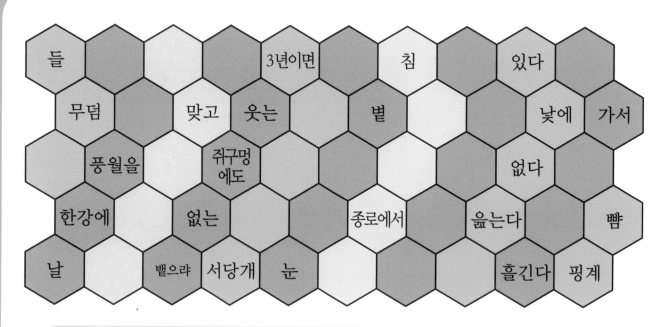

들			3년이면	침		있다
무덤	맞고	웃는	볕		낮에	가서
풍월을	쥐구멍에도			없다	
한강에	없는	종로에서	읊는다	뺨
날	뻗으랴	서당개	눈		흘긴다	핑계

머리가 좋아지는 초성 퀴즈

월   일
언어
문제 해결

아래 제시된 낱글자와 초성 자음을 보고 과연 어떤 속담을 말하고 있
는지 아래 칸에 정답을 써 봅시다.

ㄲㅂㄷ 해ㅁㅇ ㅈㄷ

ㄱㅇ ㄱㅇㅁ ㄷ홍ㅊㅁ

ㄱ똥ㄷ ㅇㅇ ㅆㄹㅁ ㅇㄷ

ㅈㄹㅇㄷ ㅂㅇㅁ ㄲㅌㄱㄹㄷ

패턴 따라 그리기

볼펜이나 연필을 이용해서 오른쪽 그림을 완성해 보세요. 희미한 선
들이 또렷해지도록 좌우의 패턴을 똑같이 그려 보세요.

밑그림 따라 그리기

볼펜이나 색연필로 밑그림을 따라 그려 보세요. 희미한 선들이 또렷 해지면 멋진 그림이 완성될 겁니다. 그냥 아무 생각 없이 편하게 그려 보세요.

17p. 10, 6, 6, 6, 7, 7 **20p.** 173,030

27p. 사십더하기삼십이빼기십 = 62 / 85−27+30=88 / 백삼십더하기사십오빼기칠십삼=102 / 93+55−37=111 / 칠십칠더하기오십이빼기삼십육=93 / 263−105+17=175

32p. 먼 친척보다 가까운 남이 낫다. / 굽은 나무가 선산을 지킨다. / 가는 세월에 오는 백발이다. / 급히 먹는 밥이 멘다.

34p. 복슬이, 깡총이, 비깨먹, 군장대, 이불까 / 이총깡, 대장군, 이슬복, 먹깨비, 까불이 / 먹깨비, 이불까, 복슬이, 깡총이, 군장대

38p. 가는 말이 고와야 오는 말이 곱다. / 계란으로 바위치기. / 호랑이도 제 말 하면 온다. / 가던 날이 장날. / 간에 기별도 안 간다.

39p. 해바라기, 장미, 백일홍, 선인장, 나팔꽃, 무궁화, 수선화, 히아신스, 제비꽃, 강아지풀, 느티나무, 소나무, 개나리, 국화, 백합, 진달래

43p. 12, 9, 9, 8, 7, 9 **46p.** 124,620

53p. 이백오더하기육삼빼기육십육=202 / 49+83−7=125 / 구십사더하기이십오빼기칠십일=48 / 539+107−203=443 / 삼백사십칠더하기사십일빼기이백삼십육=152 / 145−73+55=127

58p. 가는 방망이, 오는 홍두깨. / 개구리 올챙이 적 생각을 못한다. / 고래 싸움에 새우등 터진다. / 나라 하나에 임금이 셋이다.

60p. 깡총이, 대장군, 먹깨비, 이슬복, 까불이 / 복슬이, 먹깨비, 군장대, 까불이, 깡총이 / 군장대, 이불까, 깡총이, 먹깨비, 복슬이

64p. 냉수 먹고 이 쑤시기. / 다 된 밥에 재 뿌리기. / 도랑 치고 가재 잡는다. / 도둑을 맞으려면 개도 안 짖는다. / 등잔 밑이 어둡다.

65p. 돼지, 염소, 코뿔소, 하마, 코끼리, 고슴도치, 두더지, 북극곰, 호랑이, 오소리, 여우, 늑대, 족제비, 돌고래, 다람쥐, 토끼

69p. 6, 9, 7, 9, 11, 12 **72p.** 140,480

79p. 칠백칠십사더하기팔십이빼기오백육십오＝291 / 427＋69−27＝469 / 팔백칠십삼더하기사십육빼기백이십육＝793 / 58−47＋304＝315 / 사십이더하기삼백육십칠빼기이백삼십이＝177 / 803＋509− 97＝1,215

84p. 구슬이 서 말이라도 꿰어야 보배. / 굼벵이도 구르는 재주가 있다. / 궁지에 몰린 쥐가 고양이를 문다. / 소문난 잔치에 먹을 것 없다.

86p. 먹깨비, 복슬이, 이총깡, 까불이, 군장대 / 이슬복, 비깨먹, 이총깡, 대장군, 이불까 / 까불이, 군장대, 먹깨비, 깡총이, 복슬이

90p. 모난 돌이 정 맞는다. / 바늘 도둑이 소 도둑 된다. / 소 잃고 외양간 고친다. / 숯이 검정 나무란다. / 아는 길도 물어 가라.

91p. 홍어, 대구, 송사리, 고등어, 연어, 미꾸라지, 가물치, 송어, 복어, 멸치, 농어, 가자미, 오징어, 갈치, 상어, 전갱이, 삼치

95p. 14, 10, 8, 7, 5, 5 **98p.** 185,700

105p. 오 백 육 십 팔 더 하 기 사 백 삼 십 이 빼 기 칠 십 육 ＝ 9 2 4 / 2 7 1 − 139＋57＝189 / 사백삼십육더하기이십일빼기이백삼육＝221 / 78＋30−58＝50 / 칠십육더하기백이십육빼기삼십칠＝165 / 429− 205＋45＝269

110p. 코에 걸면 코걸이 귀에 걸면 귀걸이. / 못 먹는 감 찔러나 본다. / 번개가 잦으면 천둥을 친다. / 사촌이 땅을 사면 배가 아프다.

112p. 깡총이, 비깨먹, 군장대, 복슬이, 까불이 / 까불이, 대장군, 이슬복, 먹깨비, 깡총이 / 먹깨비, 이불까, 복슬이, 깡총이, 군장대

116p. 웃는 낯에 침 뱉으랴. / 종로에서 뺨 맞고 한강에 가서 눈 흘긴다. / 쥐구멍에도 볕 들 날 있다. / 핑계 없는 무덤 없다. / 서당개 3년이면 풍월을 읊는다.

117p. 꿈보다 해몽이 좋다. / 같은 값이면 다홍치마. / 개똥도 약에 쓰려면 없다. / 지렁이도 밟으면 꿈틀거린다.

정답

16p.

18p.

22p.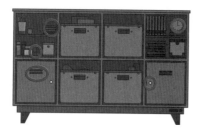

26p.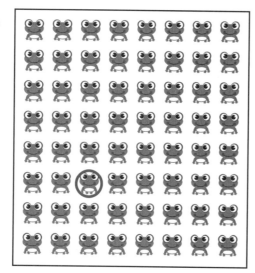

31p.

33p.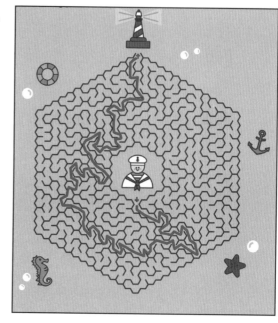

42p.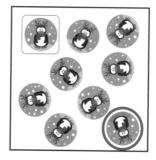

44p.

48p.

68p.

52p.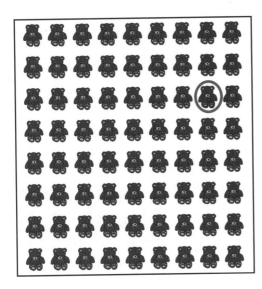

70p.

57p.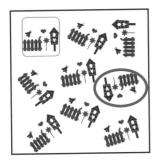

74p.

59p.

78p.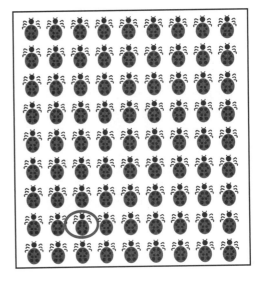

정답

83p.

100p.

85p.

104p.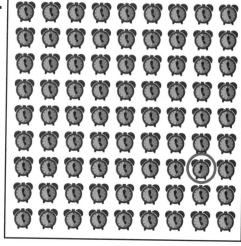

109p.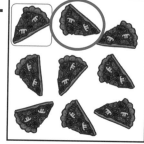

94p.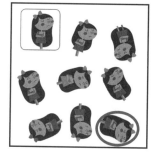

96p.

111p.